PANTHER'S LODGE
Books That Matter

Cherokee
Chapbooks

I0171431

George ("Soggy") Sanders

EL ORIGEN DEL HOMBRE ROJO

La historia legendaria de su ascenso y caída

sus victorias y derrotas y la

profecía de su futuro

NUEVA EDICIÓN DEL CLÁSICO CHEROKEE

Con las ilustraciones y notas de

Donald N. Panther-Yates

PANTHER'S LODGE

PHOENIX

ESTE LIBRO, *El origen del hombre rojo*, fue publicado originalmente por Panther's Lodge como parte de su *Cherokee Chapbooks Series* (Colección *cherokee*) en noviembre de 2011.

Primera publicación de la versión en español: octubre de 2013

ISBN-13: 978-0615900254

Traducido por Rancho Park Publishing, USA.

Prefacio

SON pocos los momentos de nuestras vidas en los que nos encontramos con un texto electrizante. Nos da esa sensación de que "¡esto era lo que me estaba perdiendo!". En el mundo de los nativos norteamericanos, donde la comunicación oral ocupa el lugar de la palabra escrita, esa revelación suele ocurrir cuando escuchamos por primera vez –o comprendemos por primera vez– la historia del origen, la naturaleza y el carácter de nuestra gente. En el pasado, esas narraciones se relataban en las recitaciones ceremoniales que tenían lugar durante los encuentros, para asegurar que se transmitieran a las generaciones futuras. Recuerdo una noche estrellada en Tennessee, hace muchos años, cuando oí la historia tradicional de los orígenes del pueblo *cherokee*, de la mano de un anciano. Sentía emociones encontradas, que iban de "¿por qué nunca antes había escuchado esto?", (a la vez que me sentía un poco molesto) a una sensación sublime de alivio y resolución, gratificación y gratitud. Después de eso, mi vida cambió; se volvió más reflexiva, "resuelta" y decidida. Sentía como si los ancestros me hubieran hablado a mí.

Otra experiencia instructiva ocurrió cuando me topé con un pequeño volumen publicado por la Indian University Press de Bacone College. Se titulaba *A Cherokee Vision of Eloh' (Una visión cherokee de Eloh)*, editada por Howard L. Meredith y Virginia E. Milan, con Wesley Proctor, traductor. Proctor tradujo el texto original en inglés a la lengua *cherokee.* Ese librito que produjo un efecto tan grande en mí resulta muy difícil de encontrar hoy en día. Por ello, con la ayuda de mis amigos Richard Mack Bettis y Brian Wilkes, he transcripto y publicado aquí el texto original en inglés. Este apareció en el *Indian Chieftain,* un periódico de Vinita, Oklahoma, en 1896, bajo la leyenda "El origen del hombre rojo".

No tenemos nada "más original" que "El origen del hombre rojo" -no en un formato inalterable. No se ha documentado ninguna versión del relato en *cherokee*, solamente lo que Proctor recreó a partir de la versión en inglés varios años después. "El origen del hombre rojo" es un artículo periodístico en inglés, simplemente eso. Debemos conformarnos con la forma en la que sobrevive y con el hecho de que sobrevive. Reproduce las palabras de George Sahkiyah ("Soggy") Sanders tal como las tradujo William Eubanks. Sanders era un individuo de raza pura que hablaba muy poco inglés y solo sabía leer y escribir en *cherokee*. Amigo de Sam Smith, vivía en el Saline District, donde llegó a ser senador. También fue miembro de la Comisión Cherokee que participaba de la Comisión Dawes. William Eubanks (1841-1921) era hijo de un hombre blanco adoptado y de una mujer *cherokee*. Su nombre *cherokee* era Unenudi. Reconocido como uno de los intelectuales *cherokees* más destacados de finales del siglo diecinueve, utilizaba el pseudónimo de Cornilk en sus artículos periodísticos, muchos de los cuales tenían un matiz político o antropológico. Fue miembro de la Sociedad Sacerdotal Keetoowah (*Keetoowah Priestly Society*) y traductor para la Nación Cherokee hasta que se disolvió en 1906.

He realizado modificaciones editoriales mínimas en la ortografía y puntuación y no se ha omitido nada del artículo original de Cornsilk. Dado que este es nuestro único testimonio del *cherokee* original de Sanders, el texto se presenta en un formato lo más parecido posible a aquel en el que fue publicado en 1892. Se proporcionan algunas notas explicativas. Le agradezco a Brian Wilkes por compartir las interpretaciones de las palabras *cherokees*. Sin embargo, asumo la responsabilidad de cualquier error que pueda haber.

ASÍ que ahora abramos nuestras mentes, nuestros ojos y oídos a un valioso fragmento de la narrativa nacional *cherokee* acerca del pasado, presente y futuro de ese pueblo.

EL ORIGEN DEL HOMBRE ROJO

Cuando vivíamos más allá de las grandes aguas...

EL ORIGEN DEL HOMBRE ROJO

Cuando vivíamos más allá de las grandes aguas, había doce clanes que pertenecían a la tribu *cherokee*. Y allá, en el viejo país en el que vivíamos, el terreno era propenso a grandes inundaciones. Entonces, con el paso del tiempo, formamos un consejo y decidimos construir un almacén que llegara hasta el cielo. Los *cherokees* dijeron que cuando el almacén estuviese construido y vinieran inundaciones, la tribu simplemente dejaría la tierra y se iría al cielo. Comenzamos a construir la gran estructura y cuando ya iba alcanzando uno de los cielos más altos, los grandes poderes destruyeron la cima y la redujeron a cerca de la mitad de su altura. Pero como la tribu estaba totalmente decidida a construirla hasta el cielo por seguridad, sus miembros no se desanimaron, sino que comenzaron a reparar el daño que habían causado los dioses. Finalmente, completaron la alta estructura y consideraron que ya estaban a salvo de las inundaciones. Pero luego de que la hubieron terminado, los dioses destruyeron nuevamente la parte superior y, cuando decidieron reparar el daño, descubrieron que la lengua de la tribu resultaba confusa o se encontraba destruida. Un día, mientras trabajaba, un constructor me envió a mí (Soggy) a buscar un poco de argamasa pero, en lugar de llevar lodo, llevé una tabla. Lo mismo sucedió con el resto de los trabajadores, no podían entenderse entre sí. Luego la tribu formó otro consejo y decidió mudarse del país propenso a las inundaciones e ir tras uno que fuera más seco y apropiado a su gusto. Así que viajaron durante muchos días y años y finalmente llegaron a un país que tenía un buen clima y que resultaba apropiado para cultivar maíz y muchos otros granos gracias a los cuales la tribu subsistió. Otras tribus o clanes rojos de la tribu *cherokee* también comenzaron a llegar desde el viejo país. La emigración continuó durante muchos años, sin saber que habían cruzado las grandes aguas. Con el debido paso del tiempo, el viejo camino que había sido transitado por los clanes ya no pudo utilizarse más debido a que una parte de la tierra quedó sumergida bajo las profundidades del mar. Este camino se puede localizar hasta el día de hoy por las rocas rotas. Esto no sorprendió a los clanes, ya que estaban acostumbrados a los efectos de las inundaciones.

En lugar de llevar lodo, llevé una tabla.

Varios años después de que se hubieron establecido en sus nuevos hogares en el nuevo país, comenzaron a buscar a los clanes de la tribu *cherokee* y tras los intentos infructuosos en los que no encontraron a los demás, finalmente se rindieron y establecieron un nuevo sistema de siete clanes sagrados para la tribu. Desde entonces hasta el día de hoy han estado buscando a los cinco clanes perdidos de los *cherokees*. Pero tras concluir la búsqueda, organizaron de manera permanente el sistema de siete clanes a los que se los llamó, por separado, como las siete estrellas de la constelación Yohna.

Después de esto, los *cherokees* se establecieron y organizaron un gobierno y un sistema religioso de culto. Este culto consistía principalmente en determinados ritos que intentaban enseñarles a los más inteligentes la naturaleza verdadera de los cuerpos o poderes celestiales y las leyes por las cuales se gobernaban a sí mismos y gobernaban a sus hermanos más jóvenes, a los planetas inferiores y a sus niños, los hijos del hombre.

Después de que esto se hubo realizado y de que la tribu comenzara a prosperar en un clima más favorable y en un suelo más rico donde se cultivaba una copiosa cantidad de maíz y los juegos eran abundantes, una nueva dificultad se presentó ante ellos. Una raza extraña de hombres cruzó las grandes aguas y desembarcaron guerreros que comenzaron a atacar a la tribu *cherokee*. Los *cherokees* llamaron a todos los clanes y comenzaron a destruir al enemigo. Utilizaron sus garrotes de guerra con tanto brío que derrotaron y aniquilaron a los enemigos, con la excepción de unos pocos prisioneros a los que salvaron. Colocaron a estos prisioneros en las canoas y los enviaron de regreso por las aguas que habían cruzado previamente. Les ordenaron que informaran allá en su propio país lo buenos guerreros que eran los *cherokees*.

Luego de algunos años, otra flota de guerreros llegó. Las extensas aguas se veían literalmente negras por las huestes innumerables, armadas con arcos y flechas. Desembarcaron en la costa y comenzaron a asesinar a los *cherokees*, pero la tribu llamó nuevamente a los clanes y comenzó a defenderse con sus garrotes de guerra, matando a los extranjeros de a miles, noche y día, habiéndose dado solemnemente la palabra de que no comerían ni dormirían hasta que el último enemigo fuera destruido. Nuevamente, resultaron victoriosos y vencieron a los invasores.

Una extraña raza de guerreros comenzó a atacar a la tribu Cherokee.

Luego, los *cherokees* organizaron ellos mismos un tremendo infierno y, tras haberles indicado a las mujeres y a los niños que juntaran grandes cantidades de resina de pino, cubrieron los pies de los prisioneros con grandes bolas de esa resina, las prendieron fuego, quemaron los pies de los cautivos y, mientras aún se quemaban, los ubicaron en sus barcos y canoas y les ordenaron que fueran a casa e informaran lo buenos guerreros que eran los *cherokees*.

Luego, la tribu *cherokee* comenzó a preocuparse ya que la mayoría de los clanes se encontraba lejos de la escena del gran campo de sangre. Entonces los clanes de guerreros consultaron a los sabios de la tribu para ver cuál sería el próximo paso que daría el enemigo.

ESTOS siete sabios, uno de cada tribu, convocaron luego a todos los clanes y después celebraron un consejo de sabiduría en el templo semiesférico. Los sabios ordenaron a los siete clanes que bailaran alrededor del templo semiesférico o circular durante siete días y noches. Cuando la danza de los siete días comenzó, los sabios entraron por la puerta del templo, el cual no estaba alumbrado, ya que la luz que irradiaban y que emanaba de los sabios resultaba suficiente para iluminar el interior del templo. Al término de la danza de los siete días, uno de los sabios salió del templo en forma de águila. Esta águila dio siete giros mientras ascendía a los cielos. Luego de que el águila realizara su séptimo ascenso, describiendo un espiral, y desapareciera en el séptimo cielo, los clanes se separaron y se fueron a casa y dejaron a los otros seis sabios en el templo oscuro, que se encontraba iluminado solamente por luz física o espiritual.

Luego los sabios volvieron a casa y, tras consultar con *e-ca-ca-te* o *Urim* y *Thummin,* dijeron a la gente que estos guerreros no volverían más por siete años.

Uno de los sabios salió del templo en forma de águila.

LUEGO los *cherokees* entrenaron a sus hombres jóvenes para la guerra y se notificó a todos los clanes sobre este hecho.

Y cuando los guerreros volvieron por las grandes aguas, estaban completamente preparados para encontrarse nuevamente con ellos. Estos guerreros llegaban de a miles y miles pero, mientras tanto, sabiendo que deberían recurrir a alguna otra estrategia además de depender de sus garrotes, se les ocurrió la idea de utilizar veneno en las guerras contra el terrible invasor. Enviaron a algunos de los grandes guerreros a que mataran a la gran y terrible serpiente de los siete rayos y tomaran su veneno, que fue lo que hicieron, y luego colocaron el veneno líquido en cáscaras de calabaza.

AL CABO de los siete años, los oscuros y terribles guerreros cruzaron como una nube de langostas, con sus barcos, cargados con veneno y armas, miles y miles. Cuando el enemigo arribó, los *cherokees* y todos sus clanes vinieron con sus garrotes de guerra y las cáscaras de calabaza llenas de veneno de *oo-ca-te-ne* y, corriendo cerca de las líneas del enemigo, sacudieron las calabazas con veneno y, mientras derramaban el veneno cerca de ellos, gritando, se mantenían uno tras otro. Los *cherokees* dejaron libres los ángulos adecuados para la primera partida y le tendieron una trampa al enemigo para que los siguiera. Cuando los invasores llegaron al lugar donde estaba desparramado el veneno, se desmayaron y cayeron al suelo. Los *cherokees* luego aparecieron y los masacraron de a miles y miles. Esta derrota ahuyentó al invasor oscuro y la guerra de aquella fuente cesó. Luego los *cherokees* vivieron en paz durante años. Y la guerra con el invasor oscuro, con el paso del tiempo, sólo se hizo conocida a través de los relatos.

MANTUVIERON el culto antiguo por los sabios del cielo. Este culto se había organizado en una época que iba más allá de lo que los más sabios de la tribu *cherokee* podían recordar y solo se reorganizó en el nuevo país como la religión antigua. La gente vivió en paz y con felicidad durante años.

TRAS vivir así durante años, en paz y prosperidad, la población de la tribu *cherokee* aumentó enormemente. Construyeron el *cah-ti-yis* por toda la nación de siete clanes, organizada sobre el vasto principio de la hermandad universal, que incluía a todo el mundo, excepto a los cinco clanes perdidos. Lugo, sucedió, mientras la tribu *cherokee* vivía así en su nuevo país, aquellas canoas blancas extrañas aparecieron en la vasta extensión de las grandes aguas. Los clanes se reunieron en la costa, asombrados por la llegada de estas embarcaciones extrañas a sus aguas. Estas canoas blancas merodearon a la vista durante varios días, como si los recién llegados no estuviesen seguros de que la tribu los fuera a recibir con una bienvenida.

Extrañas canoas blancas aparecieron en la vasta extensión de las grandes aguas.

Los clanes, pensando que se trataba de seres celestiales, comenzaron a hacerles señas para que se acercaran a la costa. Los clanes también prepararon maíz, en el que se cocinaron frutos secos, carne de venado y otras comidas para entregarles a estos seres blancos en sus canoas blancas. Por ser el blanco el emblema de la pureza para los *cherokees*, creyeron que estos seres blancos eran una raza pura proveniente del mundo superior. Los seres blancos de las canoas blancas pronto se convencieron de que no había peligro que temer y desembarcaron. La tribu les dio la bienvenida a los extraños y se les trajo y ofreció comida.

TAMBIÉN se les trajo tabaco, que había sido purificado y al que llamaban *chola* de la paz, junto con pipas, y se los invitó a los extraños a fumar con los clanes. Luego, a los extraños blancos, supuestos visitantes celestiales debido a la blancura de su piel, y por ser el blanco el emblema y representar la idea de pureza y espiritualidad para los *cherokees,* se los consideró como tales y, entonces, cuando pidieron que se les permitiera ocupar una pequeña parte de terreno donde acampar, cocinar y dormir, ésta se les otorgó con generosidad. Los clanes *cherokees* atendían a estos extraños con mucha generosidad y les daban comida y otros artículos para su comodidad a cambio de nada. Luego estos extraños dieron a conocer su intención y deseo de quedarse con los clanes *cherokees* nativos si los dejaban adquirir una pequeña parte de terreno para acampar y dormir. Le hicieron saber a la tribu que solamente necesitaban una pequeña parte de terreno, lo que equivalía aproximadamente a un cuero de toro. Este pedido modesto se otorgó gratuitamente a los extraños y fue vendido a cambio de una retribución insignificante. Los supuestos extraños celestiales luego cortaron uno de los cueros de buey que habían traído con ellos en un hilo fino, que extendieron formando un cuadrado que cercaba varios cientos de yardas cuadradas. Afirmaban que esto estaba en conformidad con el acuerdo de compra, lo que la tribu finalmente aceptó, pero también dijeron que habían sido engañados. Se realizaron otras compras de terreno, para las cuales los blancos extraños celestiales siempre entregaban una retribución y tras la cesión de las cuales la tribu siempre reconocía que había sido engañada.

Se los invitó a los extraños a fumar con los clanes.

LUEGO la tribu finalmente llegó a la conclusión de que el extraño blanco provenía del polo opuesto de los cielos y de que se había puesto su piel blanca con el objetivo de engañarlos. Luego la tribu *cherokee* comenzó a destruir al invasor blanco y, como en el caso del invasor oscuro, salvaron a algunos para que informaran lo buenos guerreros que eran los *cherokees*. Pero el invasor blanco comenzó a utilizar armas de fuego contra ellos y obligó a la tribu *cherokee* a retroceder más y más.

La tribu *cherokee* comenzó a desanimarse y quedó totalmente desmoralizada y le dijo al consejo de los clanes que no había nada que pudieran hacer ya que las grandes serpientes, las *oo-ca-te-ni*, se habían extinto y no había forma de obtener el veneno terrible que habían usado con tanto éxito contra los primeros invasores. Entonces se consultó nuevamente a los sabios, quienes ordenaron, al igual que la vez anterior, que los clanes celebraran un consejo con una segunda danza de guerra alrededor del templo semiesférico o circular. Se comunicó esta noticia a todos los clanes, que se reunieron en el antiguo lugar del templo sagrado semiesférico o circular. Los clanes se reunieron, salvo por uno o dos que se negaron a asistir pero, cuando se los mandó a buscar, finalmente fueron. Luego comenzó y se completó la danza de los siete días, al comienzo de la cual los siete sabios de los clanes entraron al templo, que había estado abandonado durante años y de cierto modo mejoró.

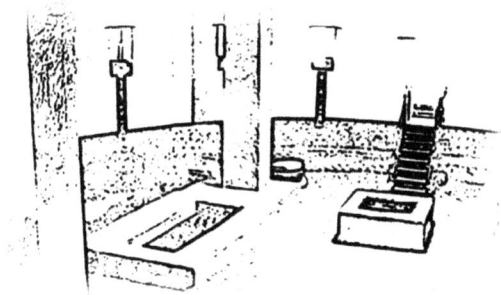

Todos los clanes se reunieron en el antiguo lugar del templo sagrado semiesférico o circular.

Tras ingresar a él, los siete sabios se dieron cuenta de que no lo podían alumbrar con la luz espiritual ni con la que emanaba de los sabios. Al intentar hallar la causa por la cual el templo no se iluminaba, el clan del nivel inferior de los sabios, el terrible clan sah-ho-ni, le preguntó al sabio del segundo clan que le seguía en rango y este le preguntó al tercero y este le preguntó al cuarto y este le preguntó al quinto y este le preguntó al sexto y, finalmente, este le preguntó al más sabio de los sabios, el clan koola, que respondió y dijo: "Nuestro templo, antiguo y sagrado, ha estado abandonado; se ha permitido que el fuego original, aquel que era eterno y primitivo, se extinguiera, al destruir al sabio *oo-ca-te-ni* o el *tanian*, el sabio de la tribu. No podremos volver a encontrarlo hasta que encontremos al resto de los clanes y la tribu se reencuentre. No podemos hacer más que utilizar un elemento sustituto para iluminar nuestro templo, que deberá ser el cuerpo externo del fuego eterno. Cuando el sustituto de la luz, el fuego, se encendió, los sabios se quedaron mirando sus *e-ca-ca-tis* pero sólo pudieron ver imágenes, ya que una luz brillante provenía de ellos.

El más sabio de los sabios, cuando salió del templo circular y comenzó a realizar su ascenso, describiendo un espiral hacia los cielos, sólo pudo llegar hasta las regiones de materia común y tras descender e ingresar nuevamente al templo, les informó lo que había pasado a los otros seis sabios. Luego los sabios informaron a sus propios clanes, a los sabios subordinados de los clanes, que la raza del engaño y de la astucia había adoptado un nuevo método para engañar a los *cherokees* o raza roja.

ESTE nuevo método era la redacción de una enseñanza extraña en la que el invasor blanco afirmaba que una voz proveniente del cielo se había comunicado con él, cuya verdad o falsedad la tribu roja debería descubrir por sí misma. Aún nos encontramos bajo la influencia de este gran monstruo y embustero de naciones. A la raza roja se le impuso el tributo de alimentar y mantener con vida al gran embustero que había sido concebido en el infierno y que había nacido en la tierra, dándole tierra y oro, y de permanecer bajo su influencia hasta el final del séptimo período del clan sah-ho-ni, cuando la raza roja dejaría de estar bajo su poder.

En ese momento, según el oráculo de la Piedra de la verdad que contenía la imagen, cuando la raza fuera conducida hacia la orilla del mar, donde cruzarían las aguas y desembarcarían en el viejo país de donde habían venido, encontrarían a los cinco clanes perdidos, se reunirían para formar los doce clanes, un solo pueblo nuevamente, y se convertirían en una gran nación conocida como el esh-el-okee del templo semiesférico de luz. Se reunirían para formar los doce clanes, un solo pueblo nuevamente y se convertirían en una gran nación.

Tanian, el sabio de la tribu

Notas

1 **Las primeras palabras** o íncipit del texto en *cherokee* serían: ᎠᏏ ᏥᏓᏲᏨᎥᏩ ᎠᎹ ᏣᏚᎾ ᎡᏊᏂ ᏚᏪᏯ ᎤᏟᎢᏗᏜ. Transliterado: Asi tsidayotsehv ama tsutana egwoni duweye utliididla. Proctor agrega el título "El Eloh" (es decir, el viejo mundo), en *cherokee* ᎡᎶᎯ Elohi. Esta tierra de los ancestros se ubica en el extremo oeste, al igual que los Campos Elíseos de los griegos.

4 **Constelación Yohna.** El Oso o la Osa Mayor.

7 **Templo semiesférico.** En *cherokee*, se denomina *cahtiyis* (p. 10), que es el término en el dialecto dórico para 'salón de actos'. La misma palabra se usaba con referencia al capitolio nacional *cherokee* o ayuntamiento. Henry George Liddell y Robert Scott, comp., A Greek-English Lexicon (Oxford: Clarendon Press, 1996) s.v. κάθημι 2.: "esp. of courts, councils, assemblies, etc. . . . of the βουλή." [esp. de cortes, concejos, asambleas, etc. ... del βουλή]. Brian Wilkes comenta al respecto: "Creo que la palabra *cahtiyis* es una variante de *gatiyo*, que hoy significa 'campo de danza *stomp*'. ¿Es la ceremonia de la danza *stomp*, con sus movimientos en espiral, un remanente de esta práctica más antigua, que comenzaba en una estructura abovedada y luego se trasladaba hacia afuera?" También escribe: "He buscado un sinónimo para *el templo semiesférico de luz*, pero solo encontré *templo, iglesia, salón comunitario*. Se usa la palabra *tsunilawisdi*, en términos generales: 'se reúnen'. Hoy, comúnmente se traduce como *iglesia*. La palabra

---

[1] N. de T.: Danza *Stomp* (*Stomp Dance*): ceremonia que contiene significado tanto religioso como social. El término hace referencia a los movimientos que la caracterizan.

relacionada *danilawiga* significa 'reunión con propósitos comunitarios' y hoy se la suele traducir como 'encuentro de oración' o 'ceremonia religiosa'. También se utiliza *adanelv*, con la raíz *ada* que significa 'de pie' o 'árbol/pilar', con el significado de *iglesia*.

8   *e-ca-ca-te* o *Urim* y *Thummin*. Más correctamente, *igagadi*. Wilkes comenta: "La raíz *gati* se refiere a 'observar, mirar, calcular', y aparece con sustantivos que designan a un guardián, vigilante, oficiales y otros que realizan cálculos y evaluaciones. Si las piedras se llamaban *igagati*, esto podría equivaler a las piedras preciosas utilizadas en adivinación. Los sacerdotes hebreos del templo de Jerusalén usaban cristales alrededor del cuello llamados *urim* y *thummim* ('luces' y 'protecciones'). Conocidos como la Luz Perfecta, estos cristales eran usados en la pechera por los sumos sacerdotes. Cornelis van Dam, *The Urim and Thummim. A Means of Revelation in Ancient Israel* (Winona Lake: Eisenbrauns, 1997). En otra parte, los *cherokees* usan el término *oolungtsata*. En el festival de la Luna Nueva, si el sumo sacerdote o *Uku* veía la figura del suplicante erguido en el cristal, vivirían. Si la figura se veía borrosa, se enfermarían, si estaba rota, sufrirían alguna lesión, y si se encontraba postrada, morirían en el transcurso del año nuevo. El nombre alternativo del cristal de adivinación parece provenir del dialecto jónico, del participio aoristo del verbo ουλω 'estar bien', utilizado con el mismo sentido que el saludo en latín *salve*.

9   **cáscaras de calabaza.** En el texto en inglés se utiliza el término **simblings**, que es la grafía antigua de las palabras *simlin, cimbeline, squash, gourd o pumpkin shell*, las cuales en dicho idioma significan cáscara de calabaza.

9   *oo-ca-te-ne*. Uktena. Este nombre no se puede

analizar con elementos *cherokees*, una carencia que suele sugerir raíces extranjeras. Probablemente derive de *ou* 'no' y *ktennais* 'muertos'. En términos técnicos, es la forma del participio aoristo del griego *kteino* 'matar, dar muerte'. Para *Uktena*, ver James Mooney, *Myths of the Cherokee and Sacred Formulas of the Cherokees* (Nashville: Cherokee Heritage, 1982), pp. 541, 297-298. Para κτένναις ver Liddell and Scott, s. v. El significado literal es 'El que no muere'.

10 *cah-ti-yis.* Ver nota para p. 7. La arquitectura doria griega del *tholos* resulta pertinente aquí. En su forma clásica, el *tholos* consistía en un tambor circular de columnas cubiertas con un techo en forma de sombrilla, cuyos soportes consistían en postes internos de madera. Esta forma también aparece en las tumbas y es notable en la arquitectura nacional monumental de Washington, D.C. En el mundo antiguo, estos edificios públicos solían construirse con forma circular para enfatizar los principios igualitarios. Los ciudadanos reunidos, organizados por tribu y clan, a veces se reclinaban en sillones o vigas parecidos a bancos, como muchos nativos norteamericanos hacen hasta el día de hoy.

12 *chola* de la paz. Al tabaco se le llama la hierba (*tsola*) de la paz porque se lo utiliza en la ceremonia de la pipa de la paz. A otras hierbas (por ejemplo, el gordolobo, *verbascum thapsus*) también se las llama *tsola*. El uso distingue entre distintas aplicaciones de la misma palabra, una costumbre frecuente del *cherokee,* cuyo vocabulario es relativamente escaso. En los acontecimientos ceremoniales, los *cherokees* utilizaban tabaco "viejo", "recuperado" o "sagrado", de lo que sin dudas se trata en este caso.

13 **cuero de toro.** Antes de la acuñación de la moneda (s. III a.e.c.) las personas de la antigüedad utilizaban el

trueque o las unidades de intercambio, siendo los lingotes de cobre con forma de cuero de buey u otras piezas de metal con forma de carrete de los fenicios, el tipo estándar. El punto del relato parece ser que los invasores blancos les ofrecieron dinero a los indios e inflaron su valor. Los fenicios contaron la misma historia en relación con el éxito que tuvieron al obtener la región inferior de Cártago de los propietarios nativos originales.

16 **terrible clan** *sah-ho-ni.* Todos los datos apuntan a que el clan pantera o pintura azul se encuentra prácticamente extinto. También se lo llama el clan acebo, por la bebida narcótica elaborada a partir de la planta *ilex vomitoria* o *cussena.* Un antiguo y famoso miembro fue el Mayor George Lowrey, Jr., también conocido como Rising Fawn, Agin'-agi'li (1770-1852). Fue jefe adjunto principal de la nación *cherokee* y miembro del Consejo Ejecutivo. Fue mensajero, banquero, soldado, traductor, agente del orden público, sembrador, criador y líder político. En el museo Gilcrease de Tulsa, hay un retrato de él que se le atribuye a George Catlin. Los integrantes del clan sahoni eran conocidos como "hombres peligrosos" y "gente de la noche". El nombre *cherokee* ani-sahoni o sakanike ("púrpura") significa "se sientan sobre las cenizas hasta que se vuelven de un gris azulado". Dado que los curanderos del oeste de África se diferencian del resto mediante una pintura blanca o azul creada a partir de cenizas que se aplican en el rostro, se podría especular que este clan minoritario podría representar el componente africano del crisol *cherokee.* Las tradiciones tribales hacen hincapié en que el pueblo *cherokee* incluye tanto a gente de piel negra, como blanca, roja y amarilla. **Clan koola.** Clan kule, bellota, paloma o pájaro. Gran parte de la religión del pueblo *cherokee* estaba a cargo del clan pájaro o ani-tsiskwa. Antes de que fueran organizados en siete clanes, número que los *cherokees* consideran sagrado, había clanes

llamados mapache, gato montés, zorro, maíz, agua, shawnee, cristal, viento, hombre, árbol, carbonero de cresta negra, cuervo, cardenal, urraca azul, acebo, pradera extensa, azul, sol, fuego, bellota y muchísimos más. Se consideraba que las personas del clan pájaro eran buenos maestros, mensajeros y lingüistas. Su nombre original era carpintero escapulario, chupasavias, pájaro carpintero o *ani-tsaliena* o *tsunilyana*, que significa el clan sordo. Tanto los clanes lobo como ciervo son ramificaciones de este. Su nombre más antiguo es clan sordo. Muchos jefes, en especial jefes de paz, han sido pájaros. El jefe John Ross (1790-1866, con el nombre *cherokee* de Cooweescoowee) era del clan pájaro, descendiente en la estricta línea femenina de Ghi-goo-ie, esposa de William Shorey, un escocés que se convirtió en traductor oficial para Gran Bretaña. Quantie Conrad también era del clan pájaro; estuvo casada con Alexander Brown, Archibald Fields y John Benge. Albert S. Gatschet (ca. 1900), *Notes on Six Cherokee Gentes* [archivos de tarjetas en el Instituto Smithsonian], incluidos los comentarios de James Mooney y J.N.B. Hewitt, que registraban información del curandero *cherokee* John Ax entre otros, junto con materiales manuscritos de J.T. Garrett, interpretados por John D. Strange, Allogan Slagle y Richard Mack Bettis. *Tanian.* Griegos. A los fundadores de los *cherokees,* que poseían poderes y conocimientos superiores, y a quienes se los identificaba con el Dragón o *Uktena,* en un pasaje importante, se los llama los *tanians.* La frase de Horacio acerca de la artimaña del caballo de madera de los griegos en Troya viene a la mente: "Temo a los griegos (Danaos), aun cuando traen regalos". Danaos era el término que se utilizaba en la antigüedad para designar a los griegos, los cuales se creía que procedían de Tracia y que se habían establecido en Peloponeso en un pasado lejano. *Danauna* fue el nombre que los egipcios les otorgaron a los griegos y a otras gentes del mar.

18 **Esh-el-okee.** El nombre original de los *cherokees*, que no es lo mismo que *tsalagi*, el cual, en la forma *choloki*, según los antropólogos, designa "a la gente de idioma extranjero" Raymond D. Fogelson en "Cherokee in the East", en *Handbook of North American Indian*, vol. 14, Southeast (Washington: Smithsonian), pp. 337-53, presenta una extensa discusión sobre *choloki* y sus variantes, pero no se llega a ninguna conclusión. Ello se debe a que *Eshelokee* es el nombre de la Sociedad Guerrera Tsalagi, que se pronuncia *Shalokee*, con una *s* y *h*. La Sociedad Guerrera continúa prosperando en algunas partes de Tennessee y Carolina del Norte y se distingue, de este modo, de la tribu global, la *Tsalagi*, por su sonido *ts*. *Eshelokee* se refiere específicamente a la casta guerrera y parece ser la misma palabra que la del griego *etheloikeoi*, "colonos, colonizadores dispuestos". Para el prefijo εθελο- "dispuesto", Liddell y Scott, 479. Para οικέω en el sentido de "establecerse, colonizar", s.v. A.2. En otra parte, Eubanks (Cornsilk), escribe, el verdadero nombre de los *cherokees* "nunca se descubrió y quizás nunca se descubra", pero es una designación que se les da a aquellos "iniciados como una tribu a los misterios orientales... por una rama sabia de la tribu conocida como aquellos que hablaban la lengua de *seg* (*asaga*)". Él menciona el nombre *Esh-he-el-o-archie* y dice que a los *cherokees* se les enseñó a preservar el fuego sagrado en "los siete Lagos Sagrados". *Seg* es una lengua austronesia de Indonesia, que forma parte de la gran familia de las llamadas lenguas malayo-polinesias centrorientales, con una forma occidental llamada *thai-seg* y una rama oriental hablada en la provincia de Madang de Papua Nueva Guinea, conocida como *sek* o *gedaged*. También hay una pequeña rama en América del Sur. William Eubanks, "Cherokee Legend of the Son of Man . . . The Red Race, It is Claimed by this Writer, Were the Originators of the Ancient Apollo Worship, Now Known as the Christian Religion," en *A Collection of Works by*

William Eubanks, ed. Doug Weatherly and Kristy Hales (American Native Press Archives and Sequoyah Research Center).

Cherokee Chapbooks

Disfrute de estas otras publicaciones de la Colección *cherokee*

Cherokee Clans: An Informal History

A Memoir of Chief Two White Feathers

Speak from the Heart: The Tihanama Language

The Big Little Book of Native American Wit and Wisdom

Escuche el emocionante audio del libro *El origen del hombre rojo* relatado por el famoso seanchai cherokee-irlandés Shandon Loring.